AUTOMOBIL FAHREN · VORAUSSCHAUEND SPAREN
für Diesel- und Benzin-Kfz

Uwe H. Sültz

Bibliografische Information durch die Deutsche Nationalbibliothek
Die Deutsche Nationalbibliothek verzeichnet diese Publikation in der
Deutschen Nationalbibliografie; detaillierte bibliografische Daten
sind im Internet über http://dnb.dnb.de abrufbar.

Oldtimer sind ein
Kulturgut. Sie benötigen
Pflege mit Herz!
In diesem Buch gibt
es Tipps und Kontroll-
Listen für viele Jahre.

Ist Ihr Inspektionsheft
Ihres Kfz voll oder
ist es verloren gegangen?
Unser Ersatzheft
ist ein BESTSELLER
geworden und liegt schon
in vielen Automobilen!

© Uwe H. Sültz
Herstellung und Verlag
BoD – Books on Demand, Norderstedt
ISBN 9-78375-5-71422-4

INHALT

Fahrzeugdaten

Marke _____

Typ/Modell _____

Fahrzeug-Identifizierungsnummer _____

Erstzulassung _____

Lackierung _____

Reifendruck für mein Fahrzeug:
Normaldruck, laut Anleitung: _____
Voll beladen, laut Anleitung: _____
Bitte bei jedem 2. Tanken kontrollieren und in die
Liste ab Seite 22 eintragen! Reservereifen ebenfalls!

Die nächsten TÜV-Termine (alle 2 Jahre):
2022 am _____
2023 am _____
2024 am _____
2025 am _____
2026 am _____
2027 am _____
2028 am _____
2029 am _____
2030 am _____

Meine Daten (Anschrift, Handy, Internet, usw.):

_____

_____

_____

_____

_____

Sprit sparen mit dem Automobil

Können Sie sich noch an die Ölkrise 1973 erinnern? Aus welchen Gründen auch immer das Öl knapp wird, beim Tanken müssen wir tiefer in die Tasche greifen, um den Tank unseres Automobils gefüllt zu bekommen. Wer hätte überhaupt gedacht, dass wir so hohe Kosten beim Tanken in so kurzer Zeit zu erwarten hatten. Dass die Kosten steigen werden, ist für alle verständlich. Die Rohölreserven werden knapp und eine Umstellung auf andere Antriebe werden nötig sein. Aber dass ein Krieg im Jahr 2022 die Welt so stark aus den Angeln hebt, wer hätte dies gedacht? Sollten wir nicht alle in der heutigen Zeit so vernünftig sein, ganz normal zu leben, am besten miteinander? Haben wir oder einige an Intelligenz verloren, die uns Gott gab? Aber was schon im Kleinen in einigen Familien nicht klappt, wird erst recht im Großen länderübergreifend nicht klappen. Nun, jetzt sind wir mitten im Schlamassel. Dieses Büchlein befasst sich aber nicht mit Krieg oder Politik, auch nicht mit den Auswirkungen, die sehen wir Autofahrer ja an den Tankstellen (in meinem Kopf sind aber auch die Geflüchteten, Getöteten, Hungersnöte, usw.), Kosten von über 2,30 € sind gerade die Regel. Nein, es geht schlicht und einfach um Einsparungen rund ums Automobil. Selbstverständlich erfinde auch ich nichts Neues, alles ist bekannt, lässt sich auch googeln. Aber die Kombination von Tipps, die Checklisten und die Tanklisten zusammen machen dieses Büchlein anders.

Kommen wir noch einmal zur Ölkrise 1973: In der Bundesrepublik Deutschland wurde als direkte Reaktion auf die Krise ein Energiesicherungsgesetz erlassen, auf dessen Grundlage an vier autofreien Sonntagen, beginnend mit dem 25. November 1973, ein allgemeines Fahrverbot verhängt, sowie für sechs Monate generelle Geschwindigkeitsbegrenzungen (100 km/h auf Autobahnen, ansonsten 80 km/h) eingeführt wurden. Diese Maßnahmen hatten nicht nur das Einsparen von Öl zum Ziel, sondern auch, der Bevölkerung den Ernst der Situation nahezubringen.

Der Spareffekt der autofreien Sonntage war tatsächlich leider nur gering. 1974 musste die Bundesrepublik für ihre Ölimporte rund 17 Milliarden DM mehr bezahlen als im Jahr zuvor. Dies verstärkte die Wirtschaftskrise und führte zu einem deutlichen Anstieg von Kurzarbeit, Arbeitslosigkeit,

Sozialausgaben und Insolvenzen von Unternehmen. Keynesianische Konjunktursteuermaßnahmen (z.B. durch vermehrte Staatsausgaben) und geldpolitische Maßnahmen hatten Stagflation zur Folge. Das Bundeswirtschaftsministerium betrieb jahrelang Kampagnen mit dem Titel Energiesparen – unsere beste Energiequelle und Ich bin Energiesparer.

Die Autofahrer wurden 1973 doch eher zum Sparen gezwungen. Muss das heute im Jahr 2022 noch sein? Sind wir denn wirklich nicht intelligent genug, um selbst Verantwortung für unser Handeln zu übernehmen? Es ist schließlich unsere eigene Kohle, die im Portemonnaie fehlt. Wir erhalten keinen besseren Sprit, er ist nur teurer, Putin freut sich.

Dieses Buch wird wohl eines der letzten sein, wenn es sich um Einsparungen bei Diesel- und Benzin-Fahrzeugen dreht. Wir müssen von diesem Rohstoff Abstand nehmen! Und für Elektroautos wird es dann ein neues Sparbuch geben. Denn auch der Strompreis ist zurzeit extrem hoch!

Was können wir nun aktiv tun, um Geld einzusparen?
Beginnen wir mit dem Spritsparen:

Wie kann ich den Verbrauch meines Kfz genau messen?

Stellen Sie den Tageskilometerzähler auf 0. Fahren Sie nun bis zum nächsten Tanken. Haben Sie keinen Tageskilometerzähler, so tragen Sie den Kilometerstand in die Tanklisten ab Seite 32 ein. Anhand der Kraftstoffmenge, die Sie nun tanken, und der gefahrenen Kilometer, können Sie den Verbrauch berechnen:

Getankte Kraftstoffmenge x 100 : gefahrene Kilometer = Kraftstoffverbrauch pro 100 Kilometer

Beispiel: Sie sind 408 km gefahren und haben anschließend 36 Liter getankt:

36 Liter x 100 : 408 Kilometer = 8,8 Liter auf 100 Kilometer

Führen Sie Buch darüber, in die Listen am Buchende können Sie alle Daten eintragen und vergleichen. Wie verhält es sich bei Autobahnfahrten oder im Stadtverkehr? Vergleichen Sie einmal die Werte.

Auswirkungen meines Fahrstils auf den Verbrauch

Sie werden merken, dass der Fahrstil den Verbrauch beeinflusst! Wissen wir natürlich schon. Links neben mir an der Ampel steht eine hübsche Frau (oder Mann) in ihrem/seinem Polo. Da zeige ich einmal, wie mein Mustang V8 so beschleunigen kann... es kostet Ihr Geld und lässt Sie echt doof dastehen oder vorbeifahren. Ein weiterer Fall: Wir wohnen an einer Tankstelle. Ich beobachte regelmäßig, dass nach dem Tanken Motorräder und Sportwagen stark beschleunigt losfahren. Es ist nicht nur laut, sie haben den Preisvorteil gegenüber einer anderen Tankstelle schon wieder aus dem Auspuff geblasen.

Der Kraftstoffverbrauch Ihres Kfz hängt sehr von Ihrer Fahrweise ab. Hohe Geschwindigkeiten, schnelles Beschleunigen, Ausfahren der Gänge bis zur Höchstdrehzahl, Kavalierstarts und scharfes Abbremsen treiben den Kraftstoffverbrauch und den Ölverbrauch in die Höhe. Außerdem werden Reifen, Bremsen und Triebwerkteile stark beansprucht und abgenutzt. Das kostet im Endeffekt wieder Ihr Geld, nicht sofort, aber bei der nächsten Inspektion oder gar einer vorgezogenen Reparatur. Eine wirtschaftliche Fahrweise bedeutet aber keineswegs ein Fahren im

Schneckentempo. Besonders langsam bedeutet nicht besonders sparsam. Vorausschauend und intelligent fahren ist angesagt!

Aber es geht schon beim Starten des Wagens los: Beim Anlassen des Motors sollten Sie das Gaspedal nicht schon betätigen (sieht beim Oldtimer etwas anders aus). Sobald der Motor läuft, fahren Sie direkt los. Lassen Sie den Motor nicht erst warmlaufen. Das ist bei allen Automodellen schon etwa seit den 1980'er Jahren nicht mehr nötig. Das stellt auch der ADAC in einer Untersuchung fest: Den Motor warmlaufen zu lassen, lässt den Spritverbrauch unnötig ansteigen, belastet die Umwelt und erhöht außerdem das Risiko eines Motorschadens.

Beschleunigen Sie mit Gefühl. Denken Sie voraus, sehen Sie eine rote Ampel, fahren Sie auf eine Kreuzung zu oder kommt da gleich ein Zebrastreifen, so nehmen Sie den Fuß vom Gaspedal. Das spart Kraftstoff. Danach: Geben Sie nur so viel Gas, wie Sie zum zügigen Fahren brauchen. Das lässt sich trainieren. Ihr Gasfuß wird empfindlicher, statt Gas zu geben und sofort wieder zu bremsen. Außerdem ist schnelles Hochschalten angesagt (sieht bei Oldtimern etwas anders aus). Beispiel: Schalten Sie bei 40 km/h schon in den vierten Gang, ist der Kraftstoffverbrauch geringer, als wenn Sie bei derselben Geschwindigkeit noch im zweiten oder dritten Gang fahren. Das Fahren in einem hohen Gang wird auch als niedertouriges Fahren bezeichnet. Das liegt daran, dass die Drehzahl dann gering ist. Das Gegenteil ist hochtouriges Fahren (mit hoher Drehzahl).

Fahren Sie nur zum Anrollen aus dem Stand im ersten Gang. Denn hier kommt es zum höchsten Kraftstoffverbrauch. Schon wenn Sie circa zwei bis drei Meter gefahren sind (etwa eine Wagenlänge), können Sie in den zweiten Gang schalten. Sie sparen weiter Kraftstoff, wenn Sie dann immer den höchstmöglichen Gang einlegen. Ihre Fahrweise ist damit auch umweltfreundlicher, als wenn Sie lange mit dem Schalten warten.
Ein weiterer Vorteil: Niedertouriges Fahren schont den Motor.
Der Hintergrund: Bei hohen Drehzahlen (bei hochtourigem Fahren) kommt es zu mehr Reibung, die den Verschleiß erhöht. Indem Sie niedertourig (mit geringer Drehzahl) fahren, entsteht weniger Reibung. Empfohlen wird normalerweise eine maximale Drehzahl von 2000 Umdrehungen pro Minute.

Noch ein Tipp: Auch das Zurückschalten ist häufig gar nicht nötig. Versuchen Sie beim Autofahren unnötiges Runterschalten zu vermeiden. Damit können Sie Sprit sparen. Jedes Zurückschalten verbraucht Sprit. Denn: Immer, wenn Sie einen Gang zurückschalten, müssen Sie erneut auf das Gaspedal treten, um wieder an Geschwindigkeit zu gewinnen.

Sind Sie dann in Bewegung kommt es auf eine flüssige Fahrweise an, es soll ja niemand behindert werden. Verzichten Sie auf Überholmanöver! Ganz ist im Stadtverkehr darauf zu verzichten. Übrigens bringt es auch nur Bruchteile von Minuten oder gar Sekunden, wenn von Ampel zu Ampel überholt wird. Es kostet aber Ihr Geld und Nerven. Vielleicht sogar ein Knöllchen. Und darauf ist zu achten: Ein erhöhter Kraftstoffverbrauch ist gleichzeitig eine höhere Umweltbelastung!

Diese Tipps gelten für handgeschaltete Getriebe, sowie für Automatik-Getriebe!

<u>Was heißt konkret vorausschauend und intelligent fahren?</u>

Jedes Bremsen benötigt Energie. Sie müssen danach erneut anfahren und verbrauchen Sprit, um wieder schneller zu werden. Versuchen Sie beim Autofahren deshalb, unnötiges Bremsen und Anfahren zu vermeiden. Durch vorausschauendes Fahren können Sie eine möglichst gleichmäßige Bewegung mit konstanter Geschwindigkeit erreichen. Damit ist der Spritverbrauch am niedrigsten. Gleichzeitig erhöht es die Sicherheit im Straßenverkehr.

Sie fahren vorausschauend, indem Sie defensiv fahren, den Sicherheitsabstand zu Ihrem Vordermann einhalten, den Straßenverkehr vor und hinter Ihnen gut beobachten und immer ist mit Fehlern anderer Autofahrer zu rechnen. So können Sie nicht nur spritsparend fahren, sondern auch Gefahren im Straßenverkehr frühzeitig erkennen und darauf rechtzeitig und angemessen reagieren.

Fahren Sie nicht zu schnell, vor allem auf der Autobahn. Am sparendsten sind Sie zwischen 100 und 130 km/h unterwegs. Darüber nimmt der Spritverbrauch stark zu.

Die Sache mit der Motorbremse

Die sogenannte Motorbremswirkung entsteht durch einen inneren Widerstand des Antriebsmotors. Er lässt das Auto bei eingelegtem Gang langsam abbremsen, ohne dass Sie die mechanische Bremse (die Sie mit dem Fuß betätigen) einsetzen müssen.

Die Motorbremse ist zum Beispiel dann sinnvoll, wenn Sie einen Berg herunterrollen. Denn durch die automatische Bremswirkung des Motors können Sie häufig ohne zu bremsen mit der richtigen Geschwindigkeit fahren. Es tritt außerdem die sogenannte Schubabschaltung in Kraft. Dabei stellt der Motor die Kraftstoffzufuhr automatisch ab. Das heißt, Sie verbrauchen dann gar keinen Sprit.

Kurze Wege = wenig Kosten?

Ein Stau ist immer ärgerlich und teuer. Sinkt die Geschwindigkeit von 50 km/h auf Schrittgeschwindigkeit von 3,5 km/h, so steigt der Verbrauch auf das sechsfache. Um flüssig voranzukommen, können Sie also mit gutem Gewissen ruhig einen Umweg in Kauf nehmen. Sind Sie dann aber doch in einem Stau, sollten Sie, wenn möglich den Motor ausstellen (ist bei Oldtimern anders).

Der Reifendruck

Zunächst ist zu sagen, dass die Reifen ständig Druck verlieren. Ca. 0,1 bar pro Monat kann dies sein. Auch die Lenkbewegung begünstigt ein Druckverlust. 2x sollte der Reifendruck pro Monat geprüft werden. Sie können ihn in die Kontrolllisten ab Seite 22 eintragen. Es kommen ja irgendwann Kosten für neue Reifen auf Sie zu. Hier lässt sich sparen: Es gilt, dass bei 0,2 bar Minderdruck die Lebensdauer um 10 %, bei 0,4 bar um 30 % und bei 0,6 bar um 45 % verringert wird. Liegt der Reifendruck beim Auto nur 0,3 bar unter der Empfehlung, wird es schon gefährlich.

Der Reifendruck ist also beim Spritsparen sehr wichtig. Ist der Reifendruck zu niedrig, entsteht ein höherer Rollwiderstand. Die dadurch entstehenden Verformungen des Reifens erzeugen zusätzliche Wärme und damit Energie, die verloren geht. Der Kraftstoffverbrauch steigt.

Ein erhöhter Luftdruck im Reifen senkt den Rollwiderstand und damit den Kraftstoffverbrauch des Autos. Das ist aber leider nicht ganz richtig. Wird der Luftdruck erhöht, sinkt auf jeden Fall der Rollwiderstand, was beim Spritsparen hilft. Gleichzeitig aber wird auch die Aufstandsfläche des Reifens auf der Straße etwas geringer, wodurch einerseits die Haftung abnimmt und andererseits der Reifen in der Mitte überdurchschnittlich stark abgenutzt wird. In Extremfällen kann dieser Verschleiß die Lebensdauer des Reifens deutlich verkürzen. Eine weitere Folge von überhöhtem Luftdruck ist der verminderte Fahrkomfort. Die Reifen werden härter, sie können Fahrbahnunebenheiten, Stöße und Vibrationen nicht mehr so gut abfedern. Kompromiss: Bis maximal 0,5 bar über den vom Hersteller angegebenen Wert kann der Druck erhöht werden. Der Komfort wird leicht härter, das Sparen erhöht sich etwas, es sind aber keine Liter pro 100 km. Persönliche Anmerkung des Autors: „Mir ist der längere Bremsweg bewusst, auch der schlechtere Komfort. Aber mein Oldtimer ohne Servo lässt sich besser lenken. Der SUV spart etwas an der mechanischen Abnutzung der Gelenke, die Stoßdämpfer werden aber eher verschleißen. Da ich heute der gemütlichere Fahrer bin, hoffe ich, dass mein Portemonnaie gewinnt. Ich persönlich fahre den SUV mit 3 bar Luft, statt der 2,3 bar. Die Oldtimer mit 2,5 bar, statt 2 bar. Beim Überwintern erhalten alle Fahrzeuge 3 bar. Aber dies ist meine ganz persönliche Meinung."

Wichtig ist auch, dass Sie immer die richtigen Reifen auf Ihrem Auto haben. Denn neben dem Luftdruck beeinflussen auch Reifenbreite, Profilbeschaffenheit und Reifenmaterial den Rollwiderstand. Tauschen Sie Winterreifen gegen Sommerreifen aus, sobald es das Wetter erlaubt (O-bis-O-Regelung). Als allgemeine Empfehlung gilt, die Winterreifen von Oktober bis Ostern aufzuziehen. Für die restliche Zeit sind Sommerreifen die bessere Wahl.

Sprit sparen durch weniger Gewicht im Kofferraum

100 kg Gewicht im Kofferraum lassen den Kraftstoffverbrauch um 1 Liter pro 100 km steigen. Aber nicht nur ein voll beladener Kofferraum lässt den Verbrauch steigen, auch Dachgepäckträger tragen zum Mehrverbrauch bei.

Etwas über die Motordrehzahl

Für Landstraßen und Autobahnen gilt generell: Je niedriger die Drehzahl des Autos ist, desto niedriger ist auch der Verbrauch. Mit einer höheren Drehzahl (hochtouriges Fahren) benötigen Sie mehr Sprit. Vor allem bei Geschwindigkeiten über 100 km/h steigt der Kraftstoffverbrauch mit steigendem Tempo übermäßig an. Je schneller Sie fahren, desto mehr Sprit verbraucht das Auto. Fahren Sie auf der Autobahn bei einer konstanten Geschwindigkeit zwischen circa 100 km/h und 130 km/h, verbrauchen Sie deutlich weniger Sprit, als wenn Sie mit der Höchstgeschwindigkeit Ihres Autos fahren. Achten Sie also auf die Drehzahl des Wagens. Je höher sie ist, desto höher ist der Verbrauch. Meist kommen Sie nicht viel später ans Ziel, wenn Sie langsamer und mit gleichmäßiger Geschwindigkeit fahren. Wägen Sie es also selbst ab, ist ZEIT = GELD, vielleicht können Sie etwas eher losfahren, wenn möglich.

Wer noch gut zu Fuß ist...

Ist der Motor noch kalt, benötigt das Auto am meisten Kraftstoff. Denn der Motor muss erst warm werden, um den Sprit optimal zu verbrauchen. Während der Zeit des Warmlaufens ist der Kraftstoffverbrauch also am größten.

Deshalb sollten Sie das Auto vor allem für Langstrecken verwenden, wenn möglich! Anmerkung des Autors: „Sie wissen, was ich mit ´wenn möglich´ meine. Menschen mit Behinderung, ich zähle mittlerweile dazu, sind aufs Auto angewiesen. Ich bitte dies zu berücksichtigen."

Indem Sie für kurze Strecken das Fahrrad nehmen, öffentliche Verkehrsmittel nutzen oder zu Fuß gehen, können Sie am meisten Sprit sparen.

Und wenn doch das Auto genommen werden muss: Kombinieren Sie am besten mehrere Einzelfahrten, wenn es sich anbietet. So bleibt der Motor auch während Ihrer Stopps warm und der Spritverbrauch insgesamt sinkt.

Elektrische Energie = Kraftstoff

Die Elektrogeräte in Ihrem Auto verbrauchen Energie und damit gleichzeitig Kraftstoff. Denn das Auto muss seinen Strom selbst erzeugen. Sind in Ihrem Auto also Lichtanlage, Klimaanlage, Sitzheizung oder Radio im Einsatz, steigt der Kraftstoffverbrauch zwangsläufig an.

Nach Berechnungen des ADAC benötigen Sie bei 100 Watt Verbrauch (durch Elektrogeräte) zusätzlich rund 0,1 Liter Sprit pro 100 Kilometer Strecke. Vor allem die Klimaanlage (170 Watt) und die beheizbare Heckscheibe (185 Watt) verbrauchen viel Energie. Das Radio benötigt mit rund 20 Watt dagegen nur wenig Strom (war bei Oldtimern anders).

Sind alle Elektrogeräte gleichzeitig im Einsatz, können schnell bis zu 600 Watt Stromverbrauch entstehen. Damit steigt der Spritverbrauch um über einen halben Liter pro 100 Kilometer an.

Um beim Fahren Kraftstoff zu sparen, sollten Sie den Einsatz elektronischer Geräte im Auto möglichst vermeiden oder verringern. Trotzdem sollten Sie auf wichtige elektrische Geräte nicht verzichten, vor allem wenn sie Ihre Sicherheit betreffen (Navigation, Reifendruckkontrolle, Tagfahrlicht, Heizung…).

Ist das Auto im Sommer von der Sonne stark aufgeheizt, können Sie es zum Beispiel erst einmal gut durchlüften. Dann können Sie die Klimaanlage einschalten. Sobald die richtige Temperatur im Fahrzeug erreicht ist, sollten Sie die Klimaanlage wieder ausschalten, um Kraftstoff zu sparen. Dasselbe gilt für die anderen Elektrogeräte. Anmerkung des Autors: „Die Klimaanlage aus Gründen der Hygiene nicht immer abgeschaltet lassen. Kurz vor dem Ziel ausschalten, damit sie trocknen kann und nicht schimmelt."

Die Sache mit dem Luftwiderstand

Ein weiterer Sprit-Spar Tipp ist es, den Luftwiderstand beim Fahren zu reduzieren. Entsteht mehr Luftwiderstand, ist auch mehr Energie nötig, um das Auto fortzubewegen. Die Folge: Das Fahrzeug benötigt mehr Sprit. Das gilt vor allem dann, wenn Sie mit hohen Geschwindigkeiten fahren.

Tipp: Befestigen Sie zusätzliche Lasten wie Fahrräder oder Dachträger so, dass sie möglichst windschnittig angebracht sind (sie also wenig Luftwiderstand erzeugen). Das erreichen Sie, wenn Fahrradträger für das Heck des Autos anstatt für das Autodach benutzt werden.

Das Fahrzeug warten oder es warten lassen

Generell sollten Sie Ihr Auto regelmäßig warten lassen (könnte doppelsinnig gemeint sein. Lassen Sie es doch einfach in der Garage warten und gehen Sie zu Fuß. Aber es ist die Kontrolle gemeint). Denn auch unentdeckte Schäden oder Mängel wie verrußte Zündkerzen oder ein verstopfter Luftfilter können den Spritverbrauch nach oben treiben. Ist zum Beispiel der Luftfilter des Wagens verschmutzt, bekommt der Motor weniger Luft. Dann sinkt die Leistung des Motors und der Kraftstoffverbrauch steigt. Einige Kleinigkeiten lassen sich auch selbst beheben, bevor der TÜV sie findet. Auch da lässt sich Geld sparen. Doppelt zum TÜV fahren kostet Zeit und Geld. Regelmäßige Kontrollen können helfen zu sparen. Arbeiten Sie die Kontrolllisten ab Seite 22 einfach mal ab, so wie Sie es können.

Mit dem Thema Wartung kommen wir übergangslos zu
Kosten sparen rund ums Automobil

Das Autofahren macht nicht nur Spaß und unabhängig...

Nun, so wurde früher darüber gesprochen. Früher, als mein heutiger Oldtimer noch neu war. So sieht das heute nicht mehr aus. Autofahren ist zum Luxus geworden. Unsere Natur-Ressourcen geben es einfach nicht mehr her, das Autofahren als Freiheit zu benutzen. Wie schon gesagt, dieses Buch wird eines der letzten sein, um über Benzin und Diesel zu sprechen. Es kommt der Tag, da ist alles vorbei. Und die Oldtimer? Oldtimer sind geschichtliches Kulturgut, hin und wieder wird mal ein Oldtimer zu sehen sein, bis es keinen Kraftstoff mehr geben wird...

Gehen wir davon aus, dass Sie bereits ein Automobil besitzen, sich vielleicht aber noch keine Gedanken über Kosteneinsparungen gemacht haben. Gerade haben wir über die Wartung eines Kfz gesprochen. Sie können Kosten drücken, indem Sie Ihr Kfz in Ordnung halten. Aber ein erneuter TÜV-

Termin kostet Zeit und Geld. Die Bremsen sind wichtig, aber das und weitere Dinge können nur Experten oder die Werkstatt Ihres Vertrauens. Nein, es sind schon die kleinen Dinge, die wir alle kontrollieren können. Hier einmal eine kleine TÜV-Vorbereitung:

<u>Licht</u> - Sind die Scheinwerfer gleich hell? Jedes nicht funktionierende Leuchtmittel muss ausgetauscht werden. In Blinkern darf kein Wasser stehen. Besonders heikel sind die seit ca. 15 Jahren in Mode gekommenen Plexiglas-Einhausungen von Fahrscheinwerfern. Diese trüben mit der Zeit ein und verkratzen so stark, dass sie kaum noch Licht durchlassen. Hier hilft nur der Austausch oder eine gründliche Politur. Mittlerweile hat der Zubehörhandel dieses Problem schon erkannt und bietet passende Politur-Sets an. Damit können Sie die Scheinwerfer selbst aufarbeiten. Das ist in jedem Fall lohnenswert und wesentlich billiger als der Neukauf. Sprünge oder Brüche dürfen die Abdeckungen nicht haben. In dem Fall besteht der TÜV auf den Austausch.

Was vielen nicht wissen ist, dass ab dem 1. Januar 1990 eine Leuchtweitenregulierung vorgeschrieben ist. Deren Funktion wird bei der Hauptuntersuchung ebenfalls überprüft. Ihr Ausfall ist ein erheblicher Mangel und führt zur Verweigerung der Plakette. Das ist besonders problematisch bei hydraulischen LWR, da diese mit der Zeit austrocknen. Zum Überprüfen der LWR stellen Sie das Fahrzeug mit den Scheinwerfern vor eine Wand und drehen Sie an dem vorgesehenen Rad. Wenn die Scheinwerfer nun hoch- und wieder hinunterfahren, ist alles in Ordnung. Prüfen Sie bei der Gelegenheit auch das Fernlicht, die Nebelscheinwerfer, die Sicherheitsgurte und die elektrischen Fensterheber. Schauen Sie auch jetzt auf das Armaturenbrett: Bei laufendem Motor dürfen die ABS-Leuchte und die Motor-Kontrollleuchte nicht angehen.

Drehen Sie anschließend das Auto herum und prüfen Sie durch die Reflektion an der Wand die Bremslichter.

<u>Rost</u> - Der Hauptfeind beim TÜV heißt Rost. Der TÜV muss „vorausschauend" beurteilen. Auch wenn ein Rostfleck an tragenden Teilen zum Zeitpunkt des Termins noch nicht durchgerostet ist, kann der TÜV eine Plakette verweigern. Dies vor allem dann, wenn abzusehen ist, dass die Durchrostung innerhalb der nächsten Monate stattfinden wird. Darum:

Schleifen, spachteln, überlackieren, damit jede Gefahr der Durchrostung gestoppt ist. Wenn Bodenbleche, Schweller oder Holme aber bereits Rostfraß aufweisen hilft nur professionelles Schweißen. Lassen Sie das in jedem Fall in einer Fachwerkstatt durchführen. Es ist nicht jeder Rostschaden am Auto behebbar. Die Fachkräfte in einer Werkstatt können Ihnen genau sagen, ob sich eine Schweißerei am Auto noch lohnt.

Reifen - Prüfen Sie an Ihren Autoreifen zunächst den optischen Eindruck. Sie müssen mindestens eine Profiltiefe von 1,6 Millimetern haben. Das ist in etwa die Hälfte vom goldfarbenen Rand einer 1-Euro-Münze. Empfohlen ist jedoch eine Profiltiefe von 2 bis 3 Millimetern. Die Reifen dürfen keine Risse, Beulen oder Einschnitte haben, natürlich auch keine Fremdkörper wie Schrauben oder Nägel. Bei Beulen in der Felge wird der TÜV misstrauisch. Hier liegt meistens auch ein Schaden an der Lenkung vor. Ebenfalls ein häufiger Mangel: Am Fahrzeug sind die falschen Reifen montiert. Hier gibt ein Blick in den Fahrzeugschein Auskunft darüber, welche Reifen für das Auto vorgesehen sind.

Die Reifen dürfen nicht einseitig abgefahren sein. Das weist auf eine verstellte Spur oder ebenfalls auf einen Schaden an der Lenkung hin. Schlagen Sie dazu das Lenkrad einmal ganz nach rechts und ganz nach links ein. So können Sie die Lauffläche der Vorderreifen am besten beurteilen. Dabei können Sie auch gleich die Achsmanschetten überprüfen. Diese dürfen keinesfalls kaputt oder gerissen sein. Sobald an diesen auch nur der kleinste Riss ist, an dem Fett austritt, besteht das Auto die HU nicht.

Im Motorraum - Lassen Sie nun den Motor an und geben Sie kräftig Gas. Röhrt der Auspuff und macht Krach? Lassen Sie ihn von der Werkstatt begutachten oder machen es selbst.

Öffnen Sie nun die Motorhaube und schauen sich den Motor genau an. Austretendes Kühlmittel, defekte Behälter von Bremsflüssigkeit, Kühlwasser oder Scheibenwischwasser müssen repariert oder getauscht werden. Der Motor darf nicht nach Benzin riechen oder offensichtlich welches verlieren. Lassen Sie den Motor noch etwas laufen und schauen Sie sich die Abgase an. Wenn der Motor warm ist, deutet weißer oder bläulicher Qualm auf einen tieferen Schaden hin. Die Abgasuntersuchung wird in diesem Fall nicht geschafft werden, was auch die Verweigerung der HU-Plakette bedeutet.

Anmerkung des Autors: „Wenn Sie mit Ihrem Diesel nur in der Stadt gefahren sind, empfehle ich vor der Untersuchung bei 3000 U/min eine Strecke von ca. 100 Kilometern zu fahren, um den Ruß zu beseitigen und den Abgastest zu bestehen."

Besonders relevant ist natürlich das Öl. Hierzu sollten Sie den Motor vor der Selbstinspektion gründlich waschen lassen. Nach der Wäsche fahren Sie 20 Kilometer. Nun können Sie feststellen, ob und wo der Motor Öl verliert. Für den TÜV gibt es keinen „Geringfügigen Ölverlust". Wenn das Auto Schmierstoff oder andere Flüssigkeiten verliert, ist es nicht mehr verkehrstauglich und die Plakette wird verweigert. Beheben Sie also sämtliche Mängel, die eine Leckage verursacht haben.

Werfen Sie dabei einen Blick auf die Bremsflüssigkeit: Wenn diese nicht mehr klar und bräunlich, sondern trübe und grünlich ist, dann muss sie dringend getauscht werden. Ebenso darf das Kühlmittel nicht schwarz und das Öl unter dem Einfülldeckel nicht schaumig-hellbraun sein. Beides deutet auf eine defekte Kopfdichtung hin, wodurch das Auto nicht mehr verkehrstauglich ist.

Schauen Sie sich auch den Kühler von hinten an. Wenn er undicht oder korrodiert ist, müssen Sie ihn austauschen.

Die Batterie muss zumindest am Pluspol (rotes Kabel) eine Abdeckung haben. Wenn diese fehlt, riskieren Sie bei einer Polizeikontrolle eine Strafe von 90 Euro und mindestens einen Punkt im Verkehrsregister!

Nur wer es kann oder die Möglichkeit hat:

Unter dem Automobil - Hier können Sie sehen, welche Rostschäden vorhanden sind. Schauen Sie sich jetzt auch den Auspuff genau an. Auch wenn er einen „gesunden" Eindruck macht, die Schadstellen sind an den kleinen Rußflecken gut zu erkennen. Je nach Materialdicke könnten Sie hier schweißen lassen.

Jedoch gehört der Auspuff zu den Verschleißteilen und ist in der Regel sehr preiswert zu ersetzen. Klopfen Sie mit der Faust von unten gegen den Katalysator. Darin darf nichts rappeln oder klappern. Falls es das tut, ist der

Keramikkörper beschädigt. Hier hilft nur der Austausch. Der TÜV merkt dies an den falschen Abgaswerten.

Schauen Sie sich auch das Kabel von der Lambda-Sonde an. Es darf nicht beschädigt sein. Achten Sie auch auf die korrekte Aufhängung vom Auspuff. Neue, passende Gummis machen immer einen guten Eindruck.

Nun gehen Sie unter die Vorderachse und wackeln am Rad. Es darf sich nur in Richtung des Lenkwinkels bewegen lassen. Alles, was an dieser Stelle rappelt oder klappert ist das Aus beim TÜV-Termin. Besonders häufig sind die Kugelgelenke betroffen.

Bremsen (absolut nur für Experten) - Sie müssen einwandfrei funktionieren. Machen Sie das am besten durch einen meist kostenlosen Bremsentest. Eine nicht funktionierende Bremse kann viele Ursachen haben. Mit einem Test bekommen Sie genaue Auskunft darüber, wie gut Ihre Scheiben, Beläge und Sättel noch sind.

Schließlich schauen Sie sich noch die Leitungen von Kraftstoff und den Bremsen an. Alles was hier angerostet, gerissen, undicht oder unschön ist, muss getauscht werden.

Zum Schluss - Wenn Sie nun mit einem ruhigen Gewissen zum TÜV-Termin fahren wollen, achten Sie auch auf die kleinen Details: Warndreieck, zugelassener Verbandskasten und Warnwesten müssen an Bord sein. Wenn wegen solcher Gründe der Wagen zur Wiedervorführung muss, ist das sehr ärgerlich und kostet Ihr Geld und Ihre Zeit.

Dies waren nur Tipps zum TÜV-Termin. Das können schon erhebliche Kosten sein. Weiter geht es mit den Unterhaltskosten:

Die Unterhaltskosten fürs Auto setzen sich aus Anschaffungskosten, Spritkosten und Kosten für Kfz-Versicherung, Steuern, Wertverlust sowie Wartungskosten zusammen.

Bei der Höhe der Kosten spielen Typklasse, Ausstattung, Ihr Alter, Ihr Unfallrisiko und Ihre Wohnort-Region eine Rolle.

Für einen Kleinwagen oder einen der unteren Mittelklasse kann man im Schnitt mit 200 bis 400 Euro pro Monat rechnen.

Je größer und leistungsstärker das Auto ist, desto höher fallen normalerweise auch die Unterhaltskosten aus.

Gebraucht oder neu? Was ist günstiger?

Ein Neuwagen ist im Normalfall natürlich teurer als ein Gebrauchtwagen. Er hat auch einen viel höheren Wertverlust. Dafür sind bei einem Gebrauchtwagen Spritverbrauch, Reparaturrisiko und die Versicherungskosten meist höher. Auch mit Sicherheit, Herstellergarantien und neuestem technischen Stand können gebrauchte Autos nicht unbedingt punkten, manchmal schon. Das nennt man dann echtes Schnäppchen!

Trotzdem fahren Sie mit einem Gebrauchtwagen meist günstiger: Vor dem Kauf sollten Sie aber alle wichtigen Punkte von einem Experten prüfen lassen. Denn baldige Reparatur- oder TÜV-Kosten können sonst schnell teuer werden.

Diesel oder Benziner?

Ob Benzin oder Diesel hier gibt es keinen eindeutigen Sieger. Die Spritkosten allein sind beim Diesel günstiger (bis auf Februar/März 2022). Anschaffungswert, Steuern und Versicherung sind aber bei Benzinern billiger. Je nachdem, wie viel und welches Modell Sie fahren, müssen Sie also abwägen: Stehen die geringeren Diesel-Spritkosten im Verhältnis zu den höheren anderen Kosten? Und garantiert wird sich bei diesen Kosten im nächsten Herbst/Winter etwas ändern.

Generell gilt: Je kleiner das Fahrzeug und je weniger Fahrtkilometer, desto eher lohnt sich ein Benziner. Außerdem können Sie auch viel sparen, zum Beispiel, indem Sie per App oder Website immer die günstigsten Tankstellen in der Nähe suchen. Aber kein Handy während der Fahrt! Bitte vorher klären. Sonst kostet es Geld, viel Geld und Punkte!

Die Versicherung

Wie viel die Kfz-Versicherung jährlich kostet, hängt von vielen Punkten ab. Dazu zählen unter anderem Typklasse, Schadenfreiheitsrabatt, Fahrerkreis, gefahrene Kilometer pro Jahr und Zulassungsbezirk.

Als Fahranfänger zahlt man deutlich mehr, da das Unfallrisiko um einiges höher ist. Sparen kann man aber durch die Übertragung des Schadenfreiheitsrabatts, eine vereinbarte Selbstbeteiligung oder das Versichern des Wagens als Zweitwagen.

Info: Die Kfz-Haftpflichtversicherung ist gesetzlich vorgeschrieben und kommt für Schäden auf, die durch den Betrieb Ihres Fahrzeugs entstanden sind. Teil- und Vollkasko sind dagegen freiwillig: Beide Versicherungen zahlen, wenn das eigene Fahrzeug beschädigt wurde. Das können zum Beispiel Schäden durch einen Wildunfall oder Brand sein.

Die Teilkaskoversicherung deckt die gängigsten Schäden ab. Die Vollkaskoversicherung zahlt auch für Schäden, wie Vandalismus oder selbst verursachte Unfallschäden am Auto.

Steuern

Die Einnahmen der Kfz-Steuer setzt der Staat für Verbesserungen der Infrastruktur und den Erhalt der Umwelt ein. Abhängig ist die Kfz-Steuer von der Größe des Hubraums, dem Schadstoffausstoß und dem Tag der Erstzulassung. Je schadstoffarmer das Auto ist, desto niedriger fällt die Kfz-Steuer aus. Für Dieselautos fällt deshalb eine höhere und für Elektroautos (fast) keine Kfz-Steuer an.

Wertverlust eines Automobils

Der Wertverlust muss ebenfalls zu den Ausgaben mit eingerechnet werden. Dieser Wertverlust eines Neuwagens ist enorm. Im ersten Jahr sinkt sein Wert um etwa 25 Prozent. Mit den Jahren pendelt er sich bei fünf bis sechs Prozent ein. Abhängig ist der Wertverlust von verschiedenen Punkten wie der Art des Fahrzeugs, dem Image des Herstellers, dem Zustand im Vergleich zum Fahrzeugalter, der Kilometerzahl oder der Marktgängigkeit.

Mit guter Pflege und Wartung können Sie dem Wertverlust aber positiv entgegenwirken.

Regelmäßige Wartungskosten

Alle zwei Jahre muss das Auto zur Hauptuntersuchung, hierfür fallen etwa 125,59 Euro im Jahr 2022 an. Außerdem ist einmal im Jahr auch ein Ölwechsel fällig.

Verschleißteile wie Lichtmaschine, Bremsen, Auspuff oder Reifen müssen mit der Zeit ausgetauscht werden. Probleme der Elektronik sind mit am teuersten. Ein unvorhergesehener Marderschaden, Hageldellen oder Autodiebstahl sind alles Kosten, die nicht mit jeder Versicherung abgedeckt werden oder eine Selbstbeteiligung verlangen können.

Fazit:

Wo können Sie am meisten Geld sparen?

Beim Erwerb eines neuen oder gebrauchten Kfz denken Sie an den Wertverlust.

Sparen Sie Kraftstoff.

Vergleichen Sie Ihre Versicherungsausgaben.

Bemerken Sie Defekte frühzeitig. Lassen Sie die Kosten dadurch nicht unnötig steigen. Aber: Bei den Wartungs- und Reparaturkosten kann ein Sparwille nicht nur die Betriebs- und Verkehrssicherheit Ihres Wagens gefährden, sondern auch finanzielle Einbußen beim späteren Wiederverkauf des Autos verursachen.

„Gute Fahrt, gute Gesundheit und Frieden für Sie und für uns alle!"

Uwe H. Sültz

Regelmäßige Kontrollen

Reifen-Luftdruck in bar:

VL:　　VR:　　HR:　　HL:　　Reserverad:

Reifen auf Beschädigung prüfen: Sichtprüfung i.O. ☐　　Fühlprüfung i.O. ☐

Kraftstoffverbrauch: getankte Liter x 100 : gefahrene Kilometer = Verbrauch

Beispiel: 35 Liter x 100 : 600 km = 5,83 Liter auf 100 km

_____ Liter x 100 : _____ km = _____ Liter auf 100 km

Hupe i.O. ☐　　Lichthupe i.O. ☐　　Warnblinker i.O. ☐　　Innenbeleuchtung i.O. ☐

Blinker i.O. ☐　　Kontrollleuchten i.O. ☐

Frontbeleuchtung: Standlicht i.O. ☐　　Abblendlicht i.O. ☐

Fernlicht i.O. ☐　　Nebelscheinwerfer i.O. ☐

Tagfahrlicht i.O. ☐

Scheibenwischer vorne i.O. ☐　　hinten i.O. ☐

Scheibenwaschanlage vorne i.O. ☐　　hinten i.O. ☐

Steinschlagprüfung i.O. ☐　　nicht i.O. ☐　　wo?

Regelmäßige Kontrollen

Reifen-Luftdruck in bar:

VL: **VR:**   **HR:**   **HL:**   **Reserverad:**

Reifen auf Beschädigung prüfen: Sichtprüfung i.O. ☐   Fühlprüfung i.O. ☐

Kraftstoffverbrauch: getankte Liter x 100 : gefahrene Kilometer = Verbrauch

Beispiel: 35 Liter x 100 : 600 km = 5,83 Liter auf 100 km

_____ Liter x 100 : _____ km = _____ Liter auf 100 km

Hupe i.O. ☐   **Lichthupe i.O.** ☐   **Warnblinker i.O.** ☐

Blinker i.O. ☐   **Kontrollleuchten i.O.** ☐   **Innenbeleuchtung i.O.** ☐

Frontbeleuchtung: Standlicht i.O. ☐   **Abblendlicht i.O.** ☐

Fernlicht i.O. ☐   **Nebelscheinwerfer i.O.** ☐

Tagfahrlicht i.O. ☐

Scheibenwischer vorne i.O. ☐   **hinten i.O.** ☐

Scheibenwaschanlage vorne i.O. ☐   **hinten i.O.** ☐

Steinschlagprüfung i.O. ☐   nicht i.O. ☐   wo?

Regelmäßige Kontrollen

Reifen-Luftdruck in bar:

VL: VR: HR: HL: Reserverad:

Reifen auf Beschädigung prüfen: Sichtprüfung i.O. ☐   Fühlprüfung i.O. ☐

Kraftstoffverbrauch: getankte Liter x 100 : gefahrene Kilometer = Verbrauch

Beispiel: 35 Liter x 100 : 600 km = 5,83 Liter auf 100 km

_____ Liter x 100 : _____ km = _____ Liter auf 100 km

Hupe i.O. ☐   Lichthupe i.O. ☐   Warnblinker i.O. ☐   Innenbeleuchtung i.O. ☐

Blinker i.O. ☐   Kontrollleuchten i.O. ☐   Abblendlicht i.O. ☐

Frontbeleuchtung: Standlicht i.O. ☐   Nebelscheinwerfer i.O. ☐

Fernlicht i.O. ☐

Tagfahrlicht i.O. ☐

Scheibenwischer vorne i.O. ☐   hinten i.O. ☐

Scheibenwaschanlage vorne i.O. ☐   hinten i.O. ☐

Steinschlagprüfung i.O. ☐   nicht i.O. ☐   wo?

Regelmäßige Kontrollen

Reifen-Luftdruck in bar:

VL: **VR:** **HR:** **HL:** **Reserverad:**

Reifen auf Beschädigung prüfen: Sichtprüfung i.O. ☐ Fühlprüfung i.O. ☐

Kraftstoffverbrauch: getankte Liter x 100 : gefahrene Kilometer = Verbrauch

Beispiel: 35 Liter x 100 : 600 km = 5,83 Liter auf 100 km

_____ Liter x 100 : _____ km = _____ Liter auf 100 km

Hupe i.O. ☐

Blinker i.O. ☐

Lichthupe i.O. ☐

Warnblinker i.O. ☐

Konntrollleuchten i.O. ☐

Innenbeleuchtung i.O. ☐

Frontbeleuchtung: Standlicht i.O. ☐

Abblendlicht i.O. ☐

Fernlicht i.O. ☐

Nebelscheinwerfer i.O. ☐

Tagfahrlicht i.O. ☐

Scheibenwischer vorne i.O. ☐ hinten i.O. ☐

Scheibenwaschanlage vorne i.O. ☐ hinten i.O. ☐

Steinschlagprüfung i.O. ☐ nicht i.O. ☐ wo?

Regelmäßige Kontrollen

Reifen-Luftdruck in bar:

VL: VR: HR: HL: Reserverad:

Reifen auf Beschädigung prüfen: Sichtprüfung i.O. ☐   Fühlprüfung i.O. ☐

Kraftstoffverbrauch: getankte Liter x 100 : gefahrene Kilometer = Verbrauch

Beispiel: 35 Liter x 100 : 600 km = 5,83 Liter auf 100 km

_____ Liter x 100 : _____ km = _____ Liter auf 100 km

Hupe i.O. ☐   Lichthupe i.O. ☐   Warnblinker i.O. ☐

Blinker i.O. ☐   Kontrollleuchten i.O. ☐   Innenbeleuchtung i.O. ☐

Frontbeleuchtung: Standlicht i.O. ☐   Abblendlicht i.O. ☐

Fernlicht i.O. ☐   Nebelscheinwerfer i.O. ☐

Tagfahrlicht i.O. ☐

Scheibenwischer vorne i.O. ☐   hinten i.O. ☐

Scheibenwaschanlage vorne i.O. ☐   hinten i.O. ☐

Steinschlagprüfung i.O. ☐   nicht i.O. ☐   wo?

Regelmäßige Kontrollen

Reifen-Luftdruck in bar:

VL: **VR:**   **HR:**   **HL:**   **Reserverad:**

Reifen auf Beschädigung prüfen: Sichtprüfung i.O. ☐   Fühlprüfung i.O. ☐

Kraftstoffverbrauch: getankte Liter x 100 : gefahrene Kilometer = Verbrauch

Beispiel: 35 Liter x 100 : 600 km = 5,83 Liter auf 100 km

___ Liter x 100 : ___ km = ___ Liter auf 100 km

Hupe i.O. ☐   Lichthupe i.O. ☐   Warnblinker i.O. ☐

Blinker i.O. ☐   Kontrollleuchten i.O. ☐   Innenbeleuchtung i.O. ☐

Frontbeleuchtung: Standlicht i.O. ☐   Abblendlicht i.O. ☐

Fernlicht i.O. ☐   Nebelscheinwerfer i.O. ☐

Tagfahrlicht i.O. ☐

Scheibenwischer vorne i.O. ☐   hinten i.O. ☐

Scheibenwaschanlage vorne i.O. ☐   hinten i.O. ☐

Steinschlagprüfung i.O. ☐   nicht i.O. ☐   wo?

Regelmäßige Kontrollen

Reifen-Luftdruck in bar:

VL:　　VR:　　HR:　　HL:　　Reserverad:

Reifen auf Beschädigung prüfen: Sichtprüfung i.O. ☐　　Fühlprüfung i.O. ☐

Kraftstoffverbrauch: getankte Liter x 100 : gefahrene Kilometer = Verbrauch

Beispiel: 35 Liter x 100 : 600 km = 5,83 Liter auf 100 km

_____ Liter x 100 : _____ km = _____ Liter auf 100 km

Hupe i.O. ☐　　Lichthupe i.O. ☐　　Warnblinker i.O. ☐

Blinker i.O. ☐　　Kontrollleuchten i.O. ☐　　Innenbeleuchtung i.O. ☐

Frontbeleuchtung: Standlicht i.O. ☐　　Abblendlicht i.O. ☐

Fernlicht i.O. ☐　　Nebelscheinwerfer i.O. ☐

Tagfahrlicht i.O. ☐

Scheibenwischer vorne i.O. ☐　　hinten i.O. ☐

Scheibenwaschanlage vorne i.O. ☐　　hinten i.O. ☐

Steinschlagprüfung i.O. ☐　　nicht i.O. ☐　　wo?

Regelmäßige Kontrollen

Reifen-Luftdruck in bar:

VL: VR: HR: HL: Reserverad:

Reifen auf Beschädigung prüfen: Sichtprüfung i.O. ☐ Fühlprüfung i.O. ☐

Kraftstoffverbrauch: getankte Liter x 100 : gefahrene Kilometer = Verbrauch

Beispiel: 35 Liter x 100 : 600 km = 5,83 Liter auf 100 km

_____ Liter x 100 : _____ km = _____ Liter auf 100 km

Hupe i.O. ☐ Lichthupe i.O. ☐ Warnblinker i.O. ☐

Blinker i.O. ☐ Kontrollleuchten i.O. ☐ Innenbeleuchtung i.O. ☐

Frontbeleuchtung: Standlicht i.O. ☐ Abblendlicht i.O. ☐

Fernlicht i.O. ☐ Nebelscheinwerfer i.O. ☐

Tagfahrlicht i.O. ☐

Scheibenwischer vorne i.O. ☐ hinten i.O. ☐

Scheibenwaschanlage vorne i.O. ☐ hinten i.O. ☐

Steinschlagprüfung i.O. ☐ nicht i.O. ☐ wo?

Regelmäßige Kontrollen

Reifen-Luftdruck in bar:

VL:　　VR:　　HR:　　HL:　　Reserverad:

Reifen auf Beschädigung prüfen: Sichtprüfung i.O. ☐　Fühlprüfung i.O. ☐

Kraftstoffverbrauch: getankte Liter x 100 : gefahrene Kilometer = Verbrauch

Beispiel: 35 Liter x 100 : 600 km = 5,83 Liter auf 100 km

_____ Liter x 100 : _____ km = _____ Liter auf 100 km

Hupe i.O. ☐　Lichthupe i.O. ☐　Warnblinker i.O. ☐

Blinker i.O. ☐　Kontrollleuchten i.O. ☐　Innenbeleuchtung i.O. ☐

Frontbeleuchtung: Standlicht i.O. ☐　Abblendlicht i.O. ☐

Fernlicht i.O. ☐　Nebelscheinwerfer i.O. ☐

Tagfahrlicht i.O. ☐

Scheibenwischer vorne i.O. ☐　hinten i.O. ☐

Scheibenwaschanlage vorne i.O. ☐　hinten i.O. ☐

Steinschlagprüfung i.O. ☐　nicht i.O. ☐　wo?

Regelmäßige Kontrollen

Reifen-Luftdruck in bar:

VL: VR: HR: HL: Reserverad:

Reifen auf Beschädigung prüfen: Sichtprüfung i.O. ☐   **Fühlprüfung i.O.** ☐

Kraftstoffverbrauch: getankte Liter x 100 : gefahrene Kilometer = Verbrauch

Beispiel: 35 Liter x 100 : 600 km = 5,83 Liter auf 100 km

_____ Liter x 100 : _____ km = _____ Liter auf 100 km

Hupe i.O. ☐   **Lichthupe i.O.** ☐   **Warnblinker i.O.** ☐

Blinker i.O. ☐   **Kontrollleuchten i.O.** ☐   **Innenbeleuchtung i.O.** ☐

Frontbeleuchtung: Standlicht i.O. ☐   **Abblendlicht i.O.** ☐

Fernlicht i.O. ☐   **Nebelscheinwerfer i.O.** ☐

Tagfahrlicht i.O. ☐

Scheibenwischer vorne i.O. ☐   **hinten i.O.** ☐

Scheibenwaschanlage vorne i.O. ☐   **hinten i.O.** ☐

Steinschlagprüfung i.O. ☐   **nicht i.O.** ☐   **wo?**

Datum	km-Stand	gefahrene Kilometer	getankte Liter	Euro pro Liter	getankte Liter x 100 : gefahrene Kilometer = Kraftstoffverbrauch pro 100 Kilometer

Datum	km-Stand	gefahrene Kilometer	getankte Liter	Euro pro Liter	getankte Liter x 100 : gefahrene Kilometer = Kraftstoffverbrauch pro 100 Kilometer

Datum	km-Stand	gefahrene Kilometer	getankte Liter	Euro pro Liter	getankte Liter x 100 : gefahrene Kilometer = Kraftstoffverbrauch pro 100 Kilometer

Datum	km-Stand	gefahrene Kilometer	getankte Liter	Euro pro Liter	getankte Liter x 100 : gefahrene Kilometer = Kraftstoffverbrauch pro 100 Kilometer

Datum	km-Stand	gefahrene Kilometer	getankte Liter	Euro pro Liter	getankte Liter x 100 : gefahrene Kilometer = Kraftstoffverbrauch pro 100 Kilometer

Datum	km-Stand	gefahrene Kilometer	getankte Liter	Euro pro Liter	getankte Liter x 100 : gefahrene Kilometer = Kraftstoffverbrauch pro 100 Kilometer

Datum	km-Stand	gefahrene Kilometer	getankte Liter	Euro pro Liter	getankte Liter x 100 : gefahrene Kilometer = Kraftstoffverbrauch pro 100 Kilometer

Datum	km-Stand	gefahrene Kilometer	getankte Liter	Euro pro Liter	getankte Liter x 100 : gefahrene Kilometer = Kraftstoffverbrauch pro 100 Kilometer

Datum	km-Stand	gefahrene Kilometer	getankte Liter	Euro pro Liter	getankte Liter x 100 : gefahrene Kilometer = Kraftstoffverbrauch pro 100 Kilometer

Datum	km-Stand	gefahrene Kilometer	getankte Liter	Euro pro Liter	getankte Liter x 100 : gefahrene Kilometer = Kraftstoffverbrauch pro 100 Kilometer

Datum	km-Stand	gefahrene Kilometer	getankte Liter	Euro pro Liter	getankte Liter x 100 : gefahrene Kilometer = Kraftstoffverbrauch pro 100 Kilometer